FÜR KATHRINA

Heidi Baumgartner

Gerstenkornstickerei

rosenheimer

Das Rosenheimer Verlagshaus bedankt sich herzlich bei
Collection Werneck Inneneinrichtung, Rosenheim,
in deren Verkaufsräumen die Fotos entstanden sind.

Fotos: Günter Standl, Laufen, Klaus G. Förg, Rosenheim
Seitenlayout, Satz und Lithographie: Reiter Kommunikations GmbH, Berchtesgaden
Druck und Bindung: BAWA Print & Partner

ISBN: 3-475-53190-9

Inhalt

Gerstenkornstickerei

Bei dieser Stickart handelt es sich um eine einfache Durchzugtechnik. Der Name kommt von dem speziellen Gewebe, auf dem die Stickerei ausgeführt wird: Es wird als Gerstenkornstoff oder auch als Haferkornstoff bezeichnet.
Auf der oberen Gewebeseite befindet sich eine Struktur von versetzten Gewebepaaren, durch die der Stickfaden gezogen wird oder die auf verschiedene Art und Weise umschlungen werden.
Die Sticktechnik ist sehr einfach auszuführen und somit sehr gut für Stickanfänger und Kinder geeignet. Da diese Technik relativ leicht gestickt werden kann, eignet sie sich für schnelle Geschenke und Basarartikel.
Einige Modelle habe ich entworfen, um auch Garnreste und Gerstenkornstoffreste verwerten zu können, z.B. das Fotoalbum und den Ordner.
Die gestickten Muster auf den Tischdecken können genauso gut für Taschen und Kissen verwendet werden und umgekehrt.
Dieses Buch soll als Anreiz für eigene Ideen dienen. Gerstenkornstoffe sind in 16 verschiedenen Farben und Garne in 60 Farbtönen erhältlich. Dies und die vielen Durchzugsmöglichkeiten und Stiche bieten eine fast unerschöpfliche Vielfalt. Der Fantasie sind keine Grenzen gesetzt.

Viel Spaß beim Sticken!

Heidi Baumgartner

Stoffe:

Die in diesem Buch gezeigten Modelle werden mit den Gerstenkorn- bzw. Haferkornstoffen der Firmen Weberei Hofer und Weberei Vieböck gestickt.

Weberei Hofer:

Der Haferkornstoff 706 ist aus 100 % Baumwolle und liegt 165 cm breit. Dieser Stoff ist in 16 verschiedenen Farben erhältlich: hell erika 341, bordeaux 361, azur 411, kornblau 471, nachtblau 451, platin 701, grafik 711, ecrue 111, natur 001, leinengrau 011, rot 311, sonnengelb 231, kupfer 371, jade 551, dunkelgrün 561, weiß 101.
Der Stoff ist von einer festen Qualität und eignet sich für Tischdecken, Kissen, Taschen usw.
Ebenso gibt es Fertigprodukte aus Gerstenkornstoff, z.B. Geschirrtücher in acht verschiedenen Ausführungen, Deckservietten in acht verschiedenen Farben, ebenso Deckchen in 80 x 80 cm oder 40 x 40 cm zum Besticken.

Diese Fertigprodukte ersparen die Näharbeiten, einige Modelle finden Sie im Buch. Die Entwürfe für fertige Geschirrtücher oder Decken können aber genauso gut auf der Meterware des Gerstenkornstoffes umgesetzt werden.

Weberei Vieböck:

Die Weberei Vieböck hat ebenfalls Gerstenkornstoffe in ihrer Produktpalette. Ihre Gerstenkornstoffe bestehen aus 50 % Baumwolle und 50 % Leinen, dadurch haben sie einen weichen, fließenden Fall und sind sehr gut für Kleidungsstücke geeignet (natürlich auch für Tischwäsche usw.).
Die Stoffe sind etwas feiner gewoben und können gut mit feinen Garnen, z.B. Perlgarn Nr. 8, bestickt werden.
Es gibt zwei verschiedene Qualitäten, der eine Stoff besitzt längs und quer gewobene Gewebepaare (Art. 546), der andere hat nur quer gewobene Gewebepaare (Art. 545).
Die Stoffe sind jeweils 180 cm breit und in den Farben Weiß Nr. 01 und in Leinengrau Nr. 00 erhältlich.

Garne:

Die gezeigten Modelle wurden mit Perlgrau Nr. 5 der Firma Schoeller + Stahl gestickt. Dieses Garn gibt es in über 60 verschiedenen Farben, meist in 5-Gramm-Strängen. Sollten Sie aber viel sticken, so lohnt es sich, 50-Gramm-Stränge zu kaufen.
Es gibt auch die Möglichkeit, das preislich günstigere Manuela Häkelgarn zu verwenden. Allerdings verknotet sich das Häkelgarn leichter, wenn es zum Sticken eingesetzt wird, und ist daher für Kinder schwieriger zu verarbeiten.

Nadeln:

Für die Durchzugstickerei Nadeln ohne Spitzen verwenden, nur so kann der Stickfaden mühelos durch die Gewebepaare gezogen werden.
Für das Vernähen wird eine spitze Nadel verwendet.

STICHE

Mit den hier gezeigten Stichen wurden die Modelle gestickt.

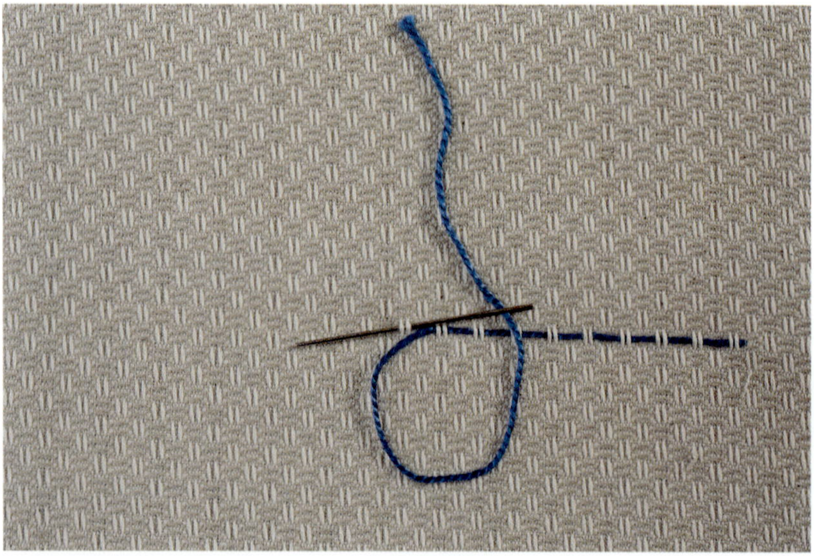

Der Durchzug gerade.

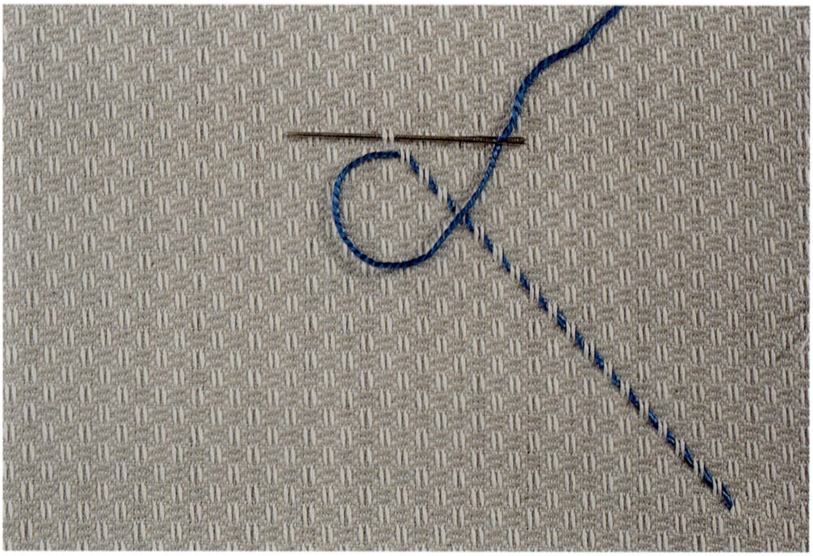

Der Durchzug schräg.

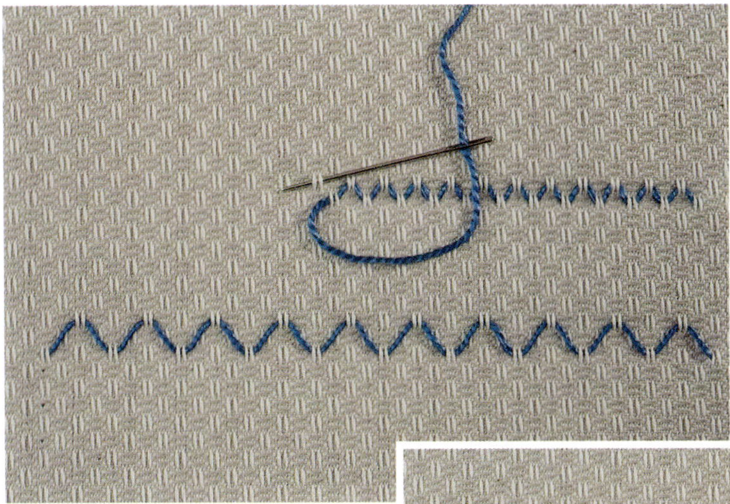

Der Durchzug zick-zack-förmig.

Der Durchzug rautenförmig.

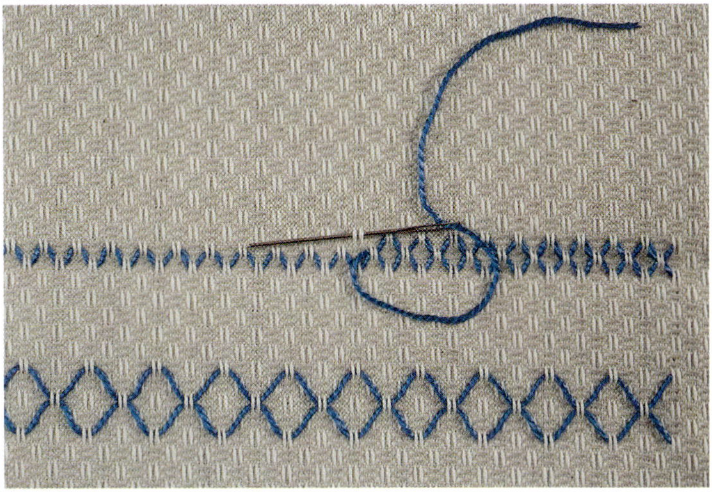

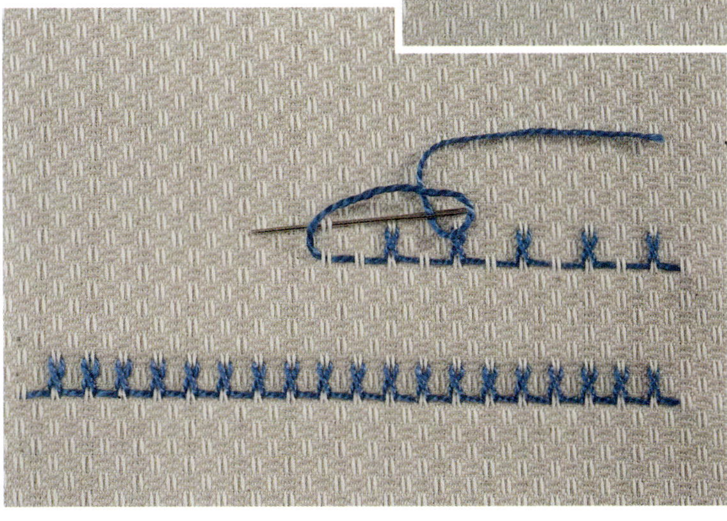

Die Achterschlinge.

Die Schlaufe.

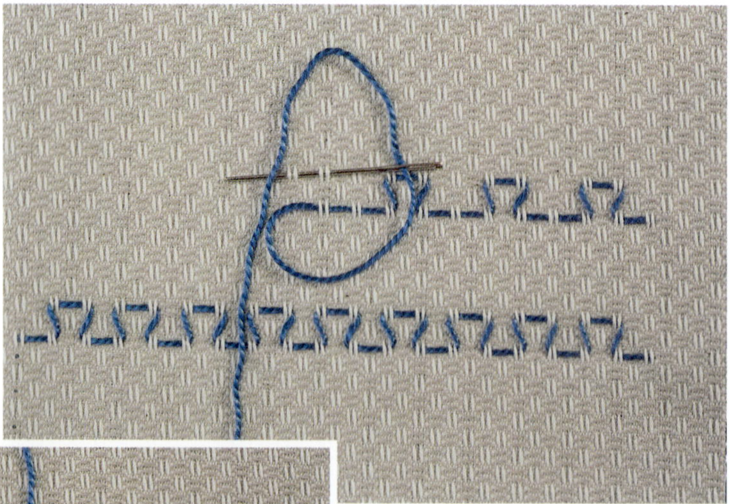

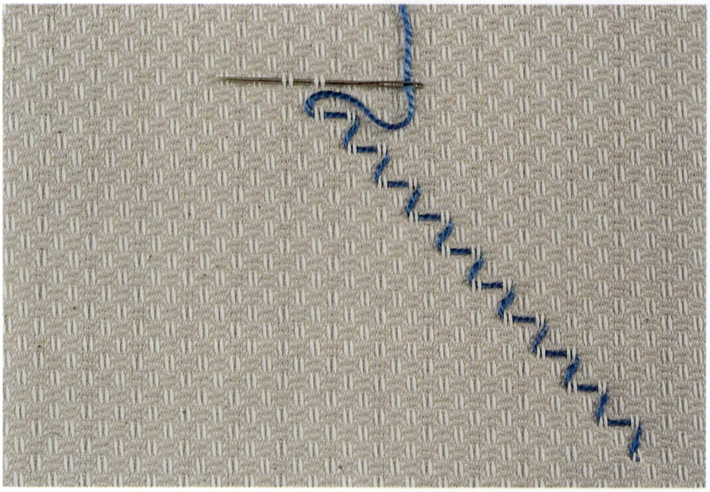

Die Stufe.

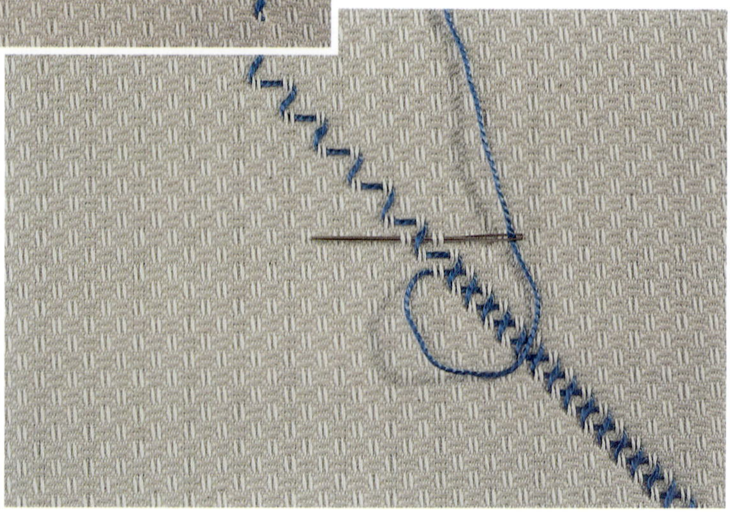

Die doppelte Stufe.

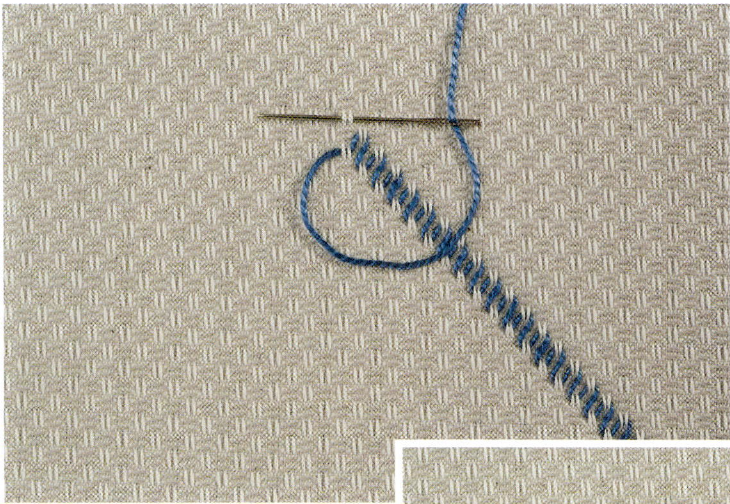

Die schrägen Schlingen.

Der Stielstich.

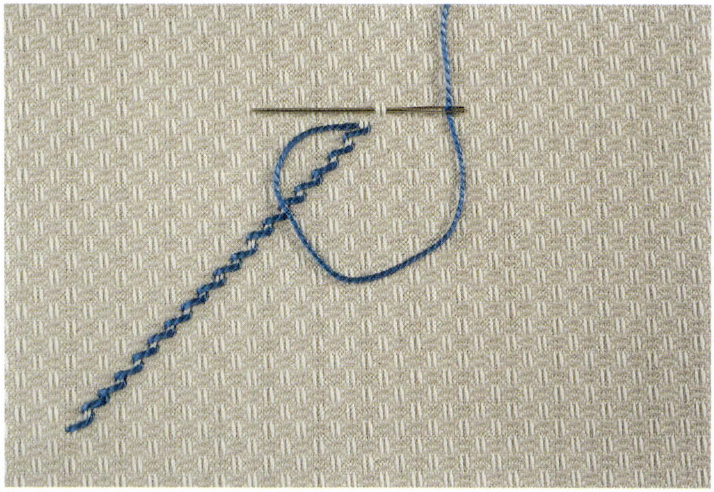

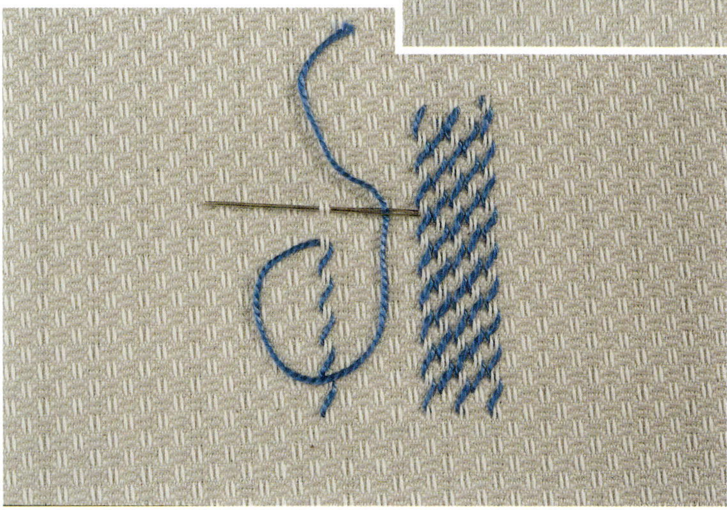

Die Spirale.

Tipp:

Nehmen Sie den Stickfaden doppelt so lang. Sie können dann zuerst die ***eine*** Hälfte des Fadens verarbeiten und dann die ***andere*** Hälfte. So haben Sie weniger Vernähstellen.

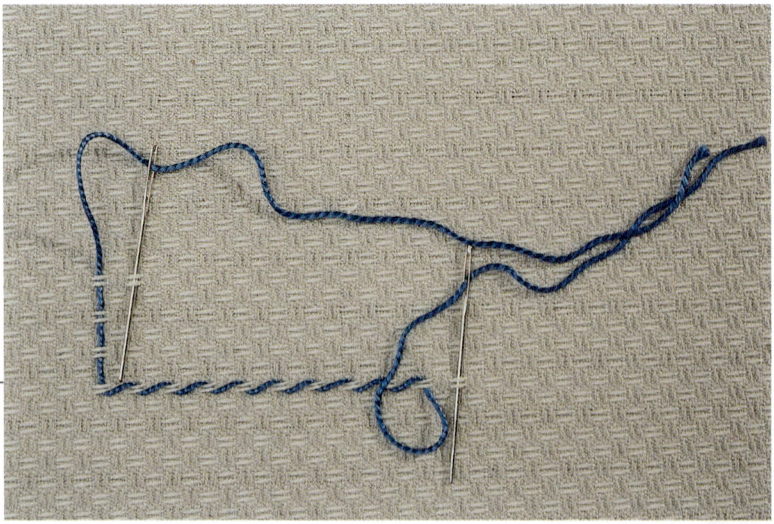

Ecke:

Es gibt zwei Möglichkeiten die Ecke zu arbeiten. Beachten Sie die Fadenführung in der Ecke.
Bei dem größeren Quadrat wurden jeweils die zwei Fäden des Gewebepaares durchzogen.
Bei dem kleineren Quadrat wurde an der Ecke nur ein Faden des Gewebepaares durchzogen.

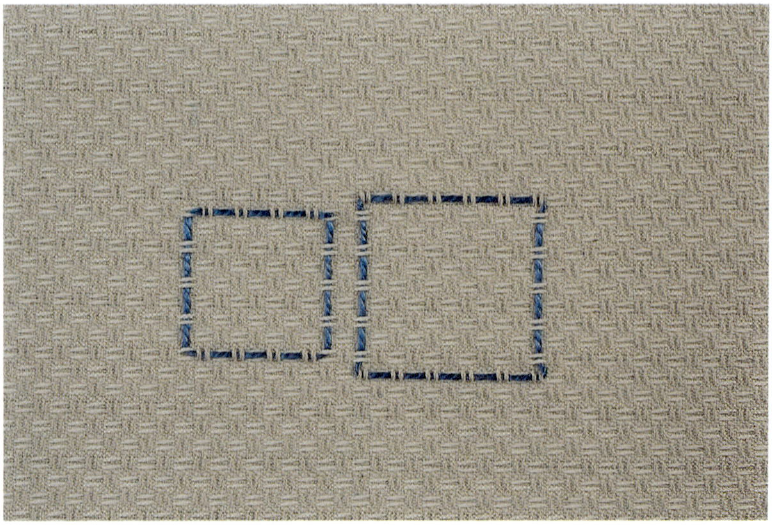

Vernähen:

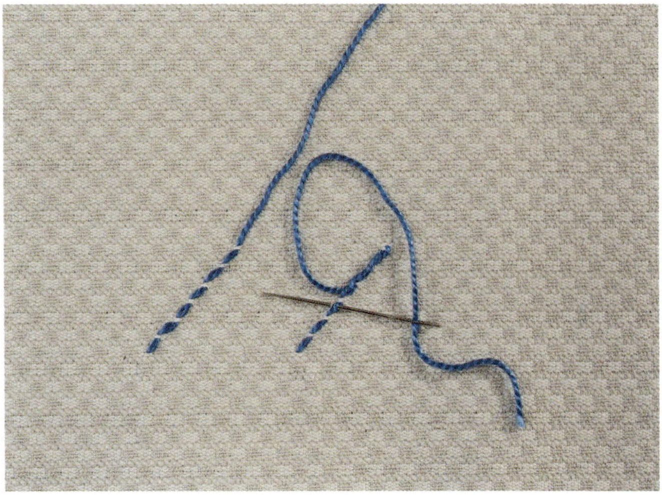

Ein Problem!
Bei anderen Sticktechniken, z.B. Hardanger, haben wir den Stickfaden auf der Vorder- und Rückseite, somit ergibt sich die Möglichkeit, den Stickfaden auf der Rückseite der Stickerei so zu vernähen, dass nichts zu sehen ist.
Bei der Gerstenkornstickerei liegt der Stickfaden nur auf der vorderen Stoffseite. Wenn wir dann den Faden auf der Rückseite vernähen, so ist das sehr deutlich zu sehen.
Wenn keine Vernähstelle zu sehen sein soll, gibt es folgende Möglichkeiten:

■ ***Bei bestimmten Mustern kann mit langen Stickfäden gearbeitet werden.***
Zum Beispiel bei der Tischdecke „Westfalenkaro“: Hier habe ich den Stickfaden so lang genommen, dass er über die ganze Breite reichte. Ich habe in der Mitte mit der einen Hälfte des Fadens begonnen und nach links gestickt, dann mit der anderen Hälfte nach rechts gestickt. Die zu vernähenden Fäden verschwinden alle im Saum.
Ebenso bin ich bei den Geschirrtüchern verfahren, der Faden war so lang, dass er im umgeschlagenen Saum vernäht werden konnte.

■ ***Bestickte Teile mit Futterstoff versehen.***
Zum Beispiel die Tischdecke „Bordeaux mit Leinenkaro“. Sie wurde mit einem farblich passenden Baumwollstoff abgefüttert und mit passendem Stoff umrandet. Somit sind die vielen Vernähstellen verdeckt, und die Tischdecke kann beidseitig verwendet werden.
Oder die Tischdecke „Ton in Ton“. Auch diese Decke wurde zum Schluss mit einem einfarbigen Baumwollstoff abgefüttert.

■ ***Die Lösung mit den geflochtenen Zöpfen.***
Bei den Taschen „Afrika“ und „Kunterbunt“ sind auf der Rückseite überhaupt keine Stickfäden und Vernähstellen zu sehen. Die Garne werden in ausreichender Länge abgeschnitten. Bei der Tasche „Kunterbunt“ wird mit der einen Hälfte des Stickfadens mit dem Sticken des Musters begonnen, der restliche Faden bleibt auf der vorderen Stoffseite liegen. Nun wird mit der anderen Hälfte des Fadens die zweite Reihe des Musters gestickt und auch dort bleibt der restliche Faden auf der vorderen Stoffseite. So weitersticken, bis das Muster fertig ist. Nun werden die Fäden mit Perlen versehen und zu Zöpfen zusammengeflochten. Diese Lösung ist besonders bei Kindern beliebt.

Kleine Brotkorbdecke

Material:		
	Stoff:	Kleine Decke 40 x 40 cm, leinengrau, Art. 75 13 01 Hersteller: Weberei Hofer
	Garn:	Je 1 Strang Perlgarn „Manuela“ Nr. 5 Farbe: bordeaux M 066 und gerbera M 050 Hersteller: Schoeller + Stahl

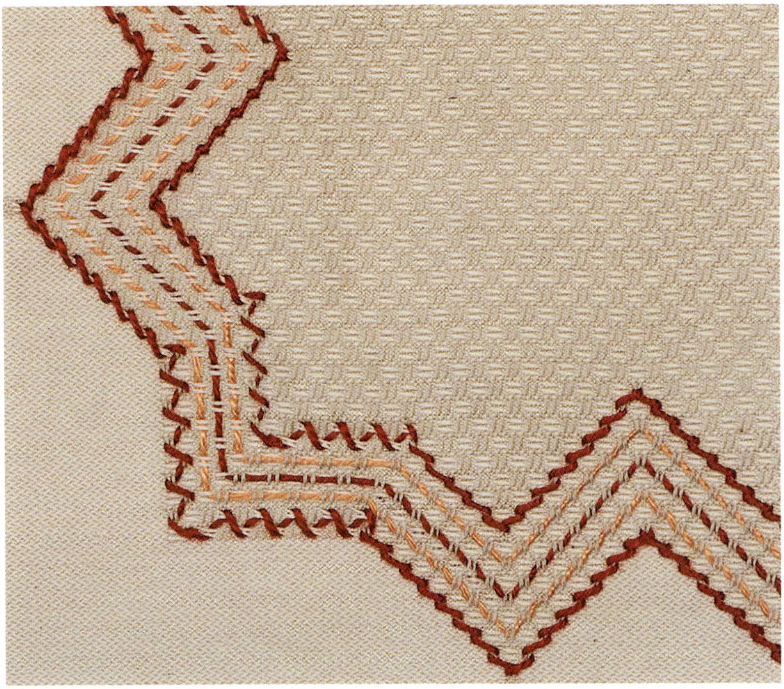

Stiche:
- Durchzug schräg
- Stielstich

Anleitung:
Mit dem bordeauxfarbenen Garn die äußerste Reihe im Stielstich sticken. Beachten Sie bitte die Eckbildung auf dem Detailfoto. Dann folgen drei Reihen mit dem Durchzug in bordeaux und gerbera. Zuletzt eine Reihe Stielstich mit dem bordeauxfarbenen Garn.

Fertigstellung:
Auf der Rückseite alle Fäden vernähen, eventuell mit beigefarbenem Stoff die Decke abfüttern.

Tischdecke „Bordeaux mit Leinenkaro“

Material:		
	Stoff:	Haferkorn, Art 706, bordeaux 361 Menge 70 x 70 cm + Nahtzugabe Hersteller: Weberei Hofer
	Futterstoff:	Westfalenstoff Art. W 9059/50 Menge 66 x 66 cm + Nahtzugabe Westfalenstoff Art. W 9059/10 Menge 4 Streifen à 76 x 10 cm + Nahtzugabe Hersteller: Westfalenstoff
	Garn:	2 Stränge Perlgarn „Manuela“ Nr. 5 Farbe: leinen 048 Hersteller: Schoeller + Stahl

Stiche:

- Durchzug gerade
- doppelte Stufen
- schräge Schlingen

Anleitung:

Begonnen wird mit den geraden Durchzügen, die Mittelachsen sind ca. 54 cm lang. Es werden je 3 Reihen nebeneinander gestickt. Dazwischen bleibt ein freies Quadrat von je 15 Durchzugsreihen. Mit der schrägen Schlinge, der doppelten Stufe und wieder mit der schrägen Schlinge fassen Sie dann das Karomuster ein.
Die äußerste Kante der schrägen Schlingen hat ca. 44 cm.

Fertigstellung:

Da an dieser Decke sehr viele Vernähstellen sind, habe ich sie mit einem farblich passenden Stoff abgefüttert, so kann sie beidseitig verwendet werden. Bestickte Decke und Futterstoff W 9059/50 zusammennähen und mit Stoffstreifen W 9059/10 einfassen.

Kissen Karomuster

Material:	Stoff:	Haferkorn 706, nachtblau 451 Menge: 40 x 15 cm + Nahtzugabe Hersteller: Weberei Hofer Westfalenstoff W 9019/30 Menge: 70 x 80 cm + Nahtzugabe Hersteller: Westfalenstoff AG
	Garn:	Je 1 Strang Perlgarn „Manuela“ Nr. 5 Farben: rubin M 011, jade M 045, mais M 035 Hersteller: Schoeller + Stahl

Stiche:

– Durchzug gerade

Anleitung:

Siehe Detailfoto.
Die Quadrate sind etwa 3,5 x 3,5 cm groß und werden mit dem geraden Durchzug gestickt, und zwar einmal längs und einmal quer gestickt.

Fertigstellung:

Kissen zusammennähen, bestickten Stoff und nach Belieben kleine Lasche für einen Knopf mit einarbeiten.

Kissen Würfelmuster

Material:		
	Stoff:	Haferkorn 706 rot 311 Menge: 32 x 32 cm + Nahtzugabe Hersteller: Weberei Hofer Westfalenstoff W 9019/01 Menge: 40 x 80 cm + Nahtzugabe Hersteller: Westfalenstoff AG
	Garn:	Je 1 Strang Perlgarn „Manuela“ Nr. 5 Farben: delft M 019, orange M 043, jade M 045, mais M 035 Hersteller: Schoeller + Stahl
	Zubehör:	Satin-Schrägband rot 60 cm

Stiche:

- Durchzug
- gerade Spirale

Anleitung:

Siehe Detailfoto.
In der Senkrechten wird der Spiralstich gestickt, in der Waagerechten der gerade Durchzug. Das Ganze wird in Stufen gearbeitet, diese Reihen werden viermal wiederholt. Bei der fünften Reihe in derselben Garnfarbe wird die Stufe entgegengesetzt gestickt, auf diese Weise entsteht die Würfeloptik.
Mit der nächsten Garnfarbe das Muster wiederholen und so fortfahren.

Fertigstellung:

Den bestickten Stoff als Dreieck zuschneiden und mit Satin-Schrägband einfassen. Kissen zusammennähen und bestickten Stoff mit einarbeiten.

Tasche „Afrika“

Material:	Stoff:	Haferkorn Art. 706, leinengrau 011 Menge: 50 x 80 cm + Nahtzugabe für die Tasche 2 Streifen 68 x 7 cm + Nahtzugabe für die Träger (bzw. die Stoffmenge nach der gewünschten Taschengröße ausrichten) Hersteller: Weberei Hofer Futterstoff: Westfalenstoff Art. W 9740/50 Menge: 50 x 80 cm + Nahtzugabe
	Garn:	3 Stränge Perlgarn „Manuela“ Nr. 5 Farbe: schwarz M 031, Hersteller: Schoeller + Stahl Zubehör: Diverse Perlen und Knöpfe

Stiche:
- Durchzug gerade
- Durchzug schräg
- Durchzug rautenförmig
- schräge Schlingen
- Achterschlingen

Anleitung:
Begonnen wird mit dem oberen quer laufenden Band. Nehmen Sie die Stickgarne so lang, dass nur jeweils am linken und rechten Stoffrand die Fäden vernäht werden müssen. Beim Rautenmotiv fädeln Sie die Perlen gleich mit auf den Stickfaden und befestigen die Perlen auf dem Stoff. Dieses Bandmotiv befindet sich ebenfalls auf der Rückseite der Tasche, aber ohne die eingearbeiteten Perlen. Nun beginnen Sie den Musterteil mit den Perlsträngen. Messen Sie für die Fadenlänge zwei Stichreihen und zweimal die Zopflänge ab. Beginnen Sie oben an dem schon gestickten Querband mit der einen Hälfte des Stickfadens. Sticken Sie das Muster laut Detailfoto im einfachen Durchzug. Nehmen Sie nun die andere Hälfte des Stickfadens und sticken Sie nach dem Muster. Arbeiten Sie so weiter, bis alle Muster gestickt sind. Nicht vergessen, dass die drei Holzperlen, die im Muster sind, sofort mitgestickt bzw. befestigt werden.

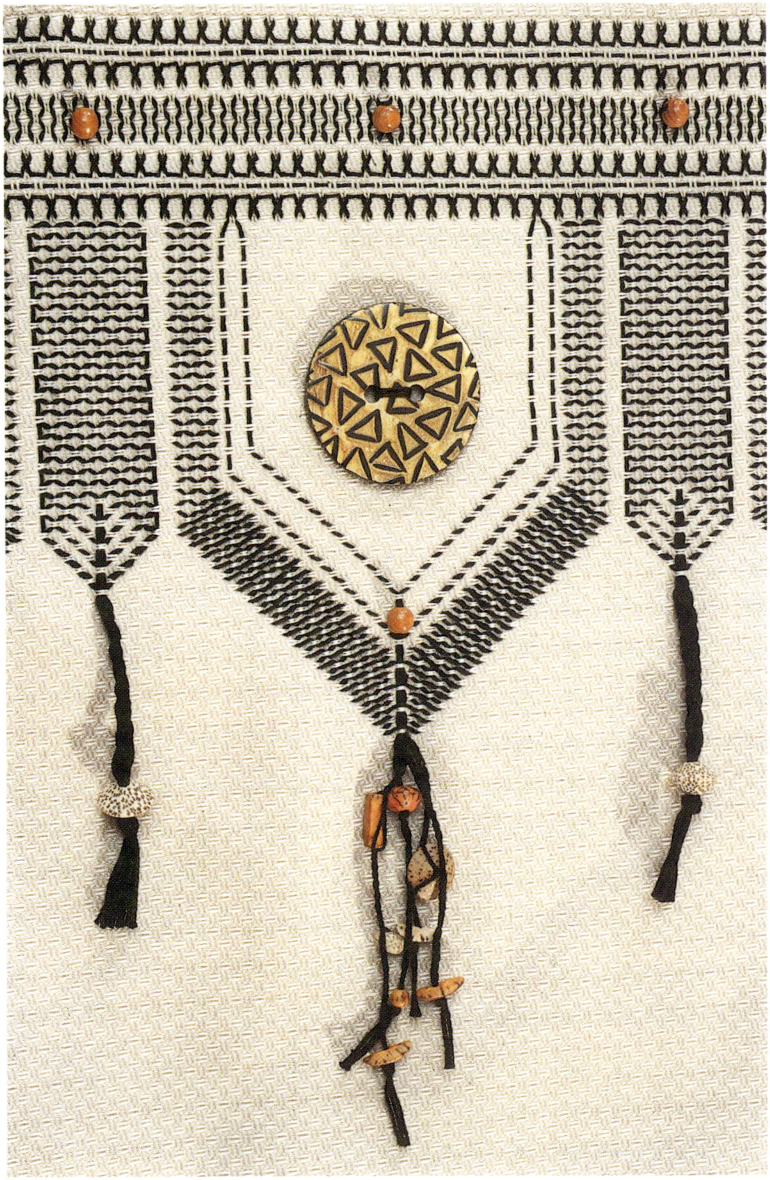

FERTIGSTELLUNG:

Die restlichen Stickfäden, die sich alle auf der rechten Stoffseite befinden, werden nun zu beliebig vielen Zöpfen zusammengeflochten und mit Perlen verziert, die gleichzeitig aufgefädelt werden. Zum Schluss werden die drei Knöpfe angenäht. Wenn Sie so arbeiten, sind auf der linken Stoffseite keine Fäden zu vernähen. Sie können die Tasche nach Belieben ohne Futter zusammennähen, d.h. die Seitennähte schließen, oben den Saum umnähen, die Träger zusammennähen und an der Tasche befestigen.

Sollten Sie die Tasche etwas fester bevorzugen, dann wird sie mit einem passendem Stoff abgefüttert, d. h. die Seitennaht vom Haferkornstoff und vom Futterstoff schließen, das Futter in die Tasche einpassen, die Träger zusammennähen, zwischen Taschen- und Futterstoff schieben und an der oberen Kante entlangnähen, so dass der bestickte Stoff, das Futter und die Träger in einem Arbeitsgang erfasst werden.

TASCHE „KUNTERBUNT“

MATERIAL:

Stoff: Haferkorn Art. 706 leinengrau 011
Menge: 50 x 80 cm + Nahtzugabe für die Tasche
2 Streifen 68 x 7 cm + Nahtzugabe für die Träger
(oder die Stoffmenge richtet sich nach der gewünschten Taschengröße)
Hersteller: Weberei Hofer
Futterstoff: Westfalenstoff Art. W 89762/50
Menge: 50 x 80 cm + Nahtzugabe

Garn: Je 1 Strang Perlgarn „Manuela“ Nr. 5
Farbe: kirsch M 052, delft M 019, schwarz M 031, orange M 043, mais M 035
Hersteller: Schoeller + Stahl
Zubehör: Diverse Perlen
Baumwoll-Schrägband rot, 1m

STICHE:

- Durchzug gerade
- Durchzug schräg
- Durchzug rautenförmig
- schräge Schlingen
- Achterschlingen

ANLEITUNG:

Beachten Sie bitte den Hinweis auf Seite 15 „Vernähen“.
Sie beginnen, mit dem kirschfarbenen Garn die schrägen Schlingen zu sticken. Das rote Zackenmuster dient uns als Wegweiser für die folgenden Stichreihen. Fahren Sie fort mit dem Rautenmuster in der Mitte in der Farbe Mais, dann folgt der Durchzug in Orange, die Achterschlingen und Durchzug in Delft und zum Schluss die Reihen in Schwarz.
Die schmalen Borten dazwischen werden mit kirschfarbenem Garn im Rautenmuster begonnen. Dann folgt die Musterreihe mit Schwarz und zuletzt die Achterschlingen in Delft.

FERTIGSTELLUNG:

Die restlichen Stickfäden, die sich alle auf der rechten Stoffseite befinden, werden zu Zöpfen geflochten und mit gleichzeitig aufgefädelten Perlen verziert. Je nach Belieben kann die Tasche mit oder ohne Innenfutter zusammengenäht werden. (Siehe Tasche „Afrika“, Seite 23)

Tasche „Blau mit Jade“

Material:		
	Stoff:	Haferkorn Art. 706 Farbe: jade 551, Menge: 50 x 10 cm + Nahtzugabe, Farbe: nachtblau 451, Menge: 50 x 70 cm + Nahtzugabe 2 Streifen 68 x 3 cm + Nahtzugabe für die Träger (bzw. die Stoffmenge nach der gewünschten Taschengröße ausrichten) Hersteller: Weberei Hofer Futterstoff: Westfalenstoff Art. W 9343/00, Menge: 50 x 80 cm + Nahtzugabe 2 Streifen 68 x 3 cm + Nahtzugabe für Träger
	Garn:	je 1 Strang Perlgarn „Manuela“ Nr. 5 Farbe: nachtblau M 032, jade M 045 Hersteller: Schoeller + Stahl

Stiche:
– Achterschlinge

Anleitung:
Die Achterschlingen laut Detailfoto sticken. Nehmen Sie die Stickgarne so lang, dass nur jeweils am linken und rechten Stoffrand die Fäden vernäht werden müssen.
Das Muster so zusammennähen, dass Rauten entstehen.

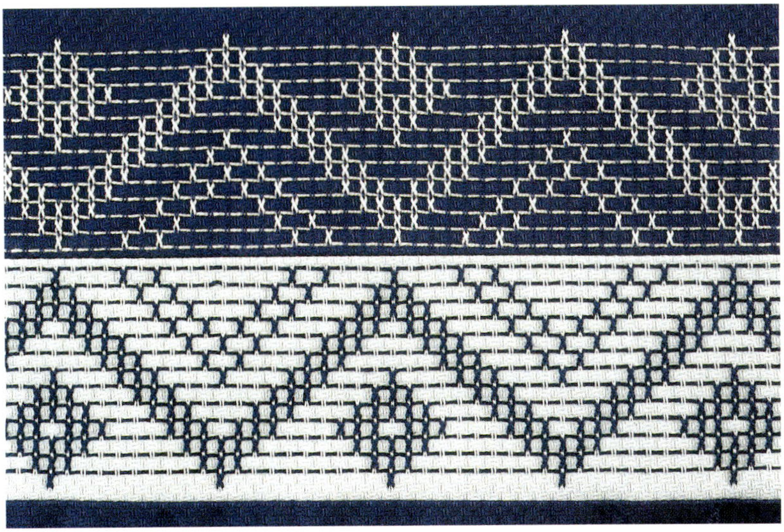

Fertigstellung:
Siehe Tasche „Afrika“, Seite 23

Tischdecke „Achteck“

Material:		
	Stoff:	Haferkorn Art 706, weiß 101 Menge: 72cm x 72cm + Nahtzugabe Hersteller: Weberei Hofer Futterstoff: weißer Baumwollstoff oder Westfalenstoff W 9343/00 Hersteller: Westfalenstoff
	Garn:	Je 1 Strang Perlgarn „Manuela“ Nr. 5 Farbe: resed M 027, bleu M 058 und strato M 021 Hersteller: Schoeller + Stahl
	Zubehör:	Baumwoll-Schrägband hellgrün ca. 3 m

Stiche:

- Durchzug gerade
- Durchzug schräg
- Durchzug rautenförmig
- zick-zack-förmig
- Stufen
- doppelte Stufen

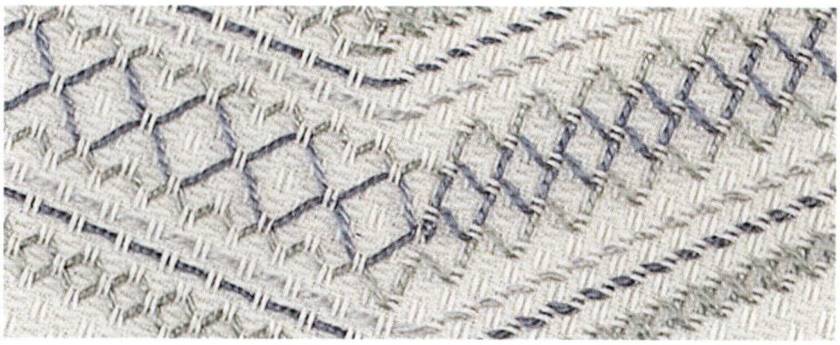

Anleitung:

Begonnen wird an der äußersten Reihe mit dem stratofarbenen Garn im zick-zack-förmigen Durchzug, auf der geraden Reihe (ca. 28 cm) und mit dem Stufenstich in der schrägen Reihe (ca. 30 cm). Es folgen 3 Reihen gerader und schräger Durchzug mit Strato - Bleu - Strato.
Dann wird die erste Reihe wiederholt. Es bleiben 8 Durchzugsreihen frei bis zum Beginn der breiten Borte. Die wird folgendermaßen gestickt:
in der Geraden: Durchzug rautenförmig in Resed, Durchzug gerade in Strato und Bleu; Durchzug zick-zack förmig in Resed; Durchzug große Raute in Strato; Durchzug zick-zack förmig in Resed; Durchzug gerade in Strato und Bleu; Durchzug rautenförmig in Resed.
in der Schrägen: doppelter Stufenstich in Resed; Durchzug schräg in Strato und Bleu; Stufenstich 1x in Resed, 2x in Strato, 1x in Resed; Durchzug schräg in Strato und Bleu; doppelter Stufenstich in Resed.

Fertigstellung:

Die Tischdecke 3 cm vom äußersten Zierstich entfernt in achteckiger Form zuschneiden;
ohne Futter: Den bestickten Stoff mit Schrägband einfassen.
mit Futter: Den bestickten Stoff und Futter zusammennähen und mit Schrägband einfassen.

Deckserviette „Vanille“

Material:		
	Stoff:	Deckserviette 80 x 80 cm, Art 7521, vanille 20 Hersteller: Weberei Hofer
	Garn:	Perlgarn „Manuela“ Nr. 5 Farbe: 2 Stränge granat M 012, je einen Strang terracotta M 042, gerbera M 050, melba M 041 und primel M 065. Hersteller: Schoeller + Stahl

Stiche:

– schräge Schlinge (Achterschlinge jeweils bei Richtungsänderung)

Anleitung:

Die schrägen Schlingen wie auf dem Detailfoto abgebildet sticken.

Fertigstellung:

Auf der Rückseite alle Fäden vernähen, evtl. mit Futterstoff versehen.

Geschirrtuch „Ente“

Material:

Stoff:	Geschirrtuch Art. 7561, weiß/weiß 10 Hersteller: Weberei Hofer
Garn:	Je 1 Strang Perlgarn „Manuela“ Nr. 5 Farbe: mais M 035 und air M 028 Hersteller: Schoeller + Stahl

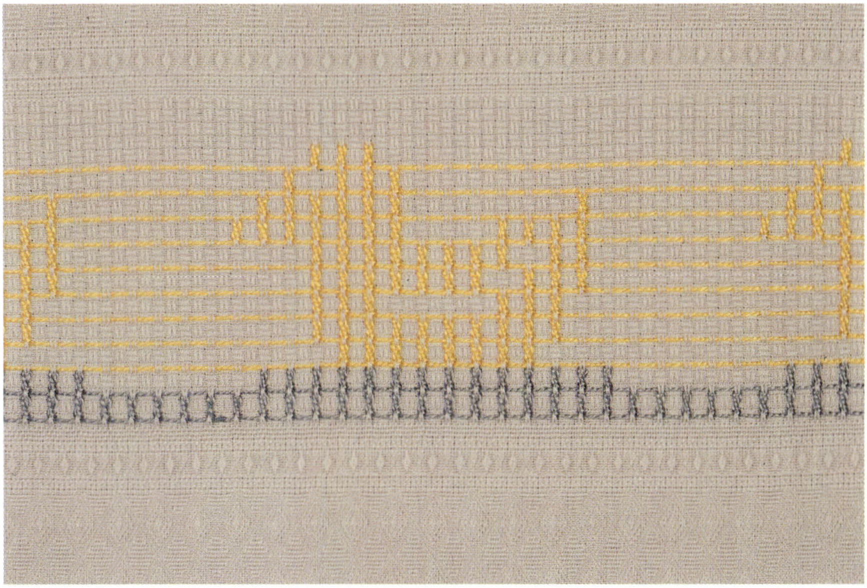

Stiche:

- Achterschlinge

Anleitung:

Die Achterschlingen wie auf dem Detailfoto abgebildet sticken.
Die Garnlänge sollte so bemessen werden, dass es möglich ist, mit einem Faden eine ganze Musterreihe fertig zu sticken.
So können Anfang und Ende des Garnes in dem umgeschlagenen Saum vernäht werden.

Geschirrtuch „Elefant“

Material:

Stoff:	Geschirrtuch Art. 7561, weiß/weiß 10 Hersteller: Weberei Hofer
Garn:	Je 1 Strang Perlgarn „Manuela“ Nr. 5 Farbe: strato M 021 Hersteller: Schoeller + Stahl

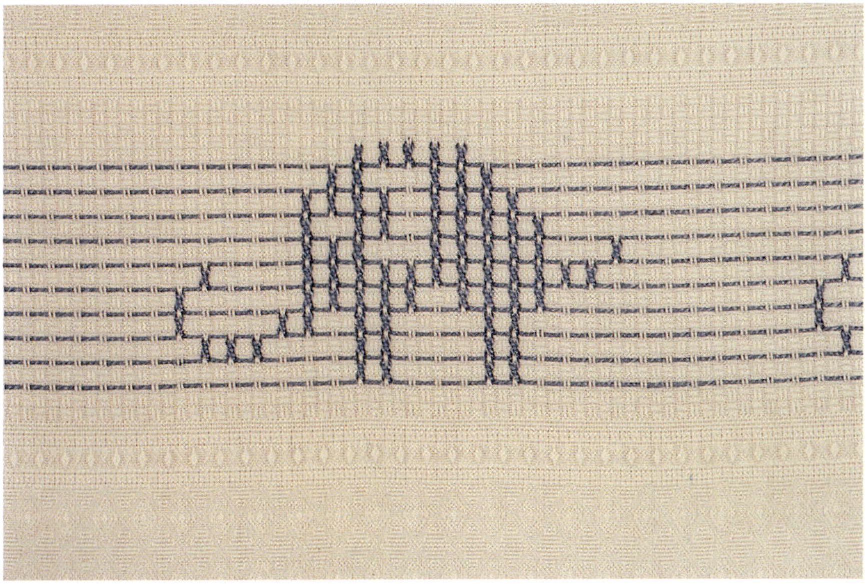

Stiche:

– Achterschlingen

Anleitung:

Den Durchzug wie auf dem Detailfoto abgebildet sticken.
Die Garnlänge sollte so bemessen werden, dass es möglich ist, mit einem Faden eine ganze Musterreihe fertig zu sticken.
So können Anfang und Ende des Garnes in dem umgeschlagenen Saum vernäht werden.

Werneck
Werneck

Geschirrtuch „Vogel“

Material:	Stoff:	Geschirrtuch Art. 7561, weiß/weiß 10 Hersteller: Weberei Hofer
	Garn:	1 Strang Perlgarn „Manuela“ Nr. 5 Farbe: granat M 012 Hersteller: Schoeller + Stahl

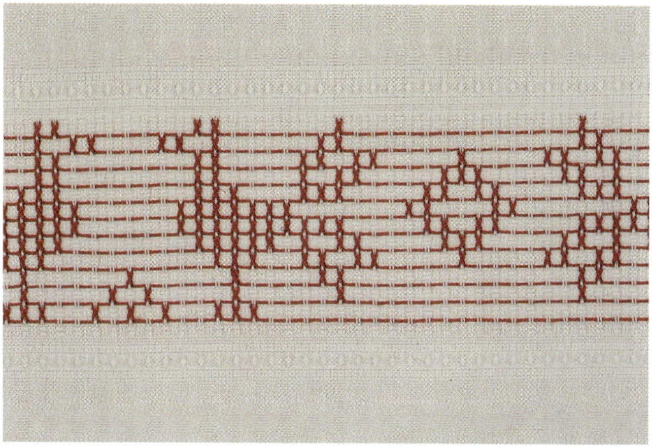

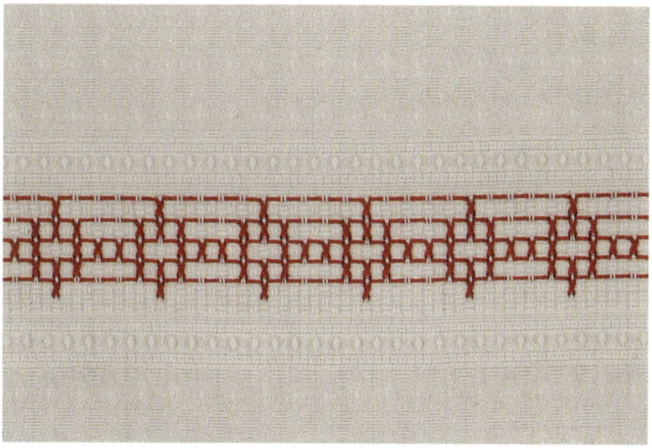

Stiche:

– Achterschlingen

Anleitung:

Die Achterschlingen wie auf dem Detailfoto abgebildet sticken.
Die Garnlänge sollte so bemessen werden, dass es möglich ist, mit einem Faden eine ganze Musterreihe fertig zu sticken.
So können Anfang und Ende des Garnes in dem umgeschlagenen Saum vernäht werden.

Geschirrtuch „Zackenband“

Material:	Stoff:	Geschirrtuch Art. 7561, weiß/blau 04 Hersteller: Weberei Hofer
	Garn:	Je 1 Strang Perlgarn „Manuela“ Nr. 5 Farbe: mimose M 017, strato M 021 und nachtblau M 032 Hersteller: Schoeller + Stahl

Stiche:
- Durchzug gerade
- Durchzug schräg

Anleitung:
Den Durchzug wie auf dem Detailfoto abgebildet sticken.
Die Garnlänge sollte so bemessen werden, dass es möglich ist, mit einem Faden eine ganze Musterreihe fertig zu sticken.
So können Anfang und Ende des Garnes in dem umgeschlagenen Saum vernäht werden.

Geschirrtuch „Grünes Band“

Material:		
	Stoff:	Geschirrtuch Art. 7561, weiß/grün 05 Hersteller: Weberei Hofer
	Garn:	Je 1 Strang Perlgarn „Manuela“ Nr. 5 Farbe: jade M 045, tanne M 020 Hersteller: Schoeller + Stahl

Stiche:
- Durchzug gerade
- Durchzug schräg

Anleitung:
Den Durchzug wie auf dem Detailfoto abgebildet sticken.
Die Garnlänge sollte so bemessen werden, dass es möglich ist, mit einem Faden eine ganze Musterreihe fertig zu sticken.
So können Anfang und Ende des Garnes in dem umgeschlagenen Saum vernäht werden.

ANABASE

Tischdecke „Ton in Ton“

Material:		
	Stoff:	Tischdecke Art. 75 11 11, Größe: 80 x 80 cm, Farbe: ecrue Hersteller: Weberei Hofer Futterstoff : Westfalenstoff W9740/50, 80 x 80 cm
	Garn:	2 Stränge Perlgarn „Manuela“ Nr. 5 leinen M 048 1 Strang creme M 061 Hersteller: Schoeller + Stahl

Stiche:

- Durchzug gerade
- Durchzug schräg
- Stufen
- schräge Schlingen
- Achterschlingen

Anleitung:

Siehe Detailfoto. Begonnen wird mit dem leinfarbenen Garn und dem Stufenstich. Mit diesem Stich machen Sie die Einteilung der großen Rauten, wobei an den Ecken jeweils eine Achterschlinge gestickt wird. Dann folgt der schräge Durchzug mit dem leinenfarbenen Garn. Zuletzt wird mit dem cremefarbigen Garn im geraden Durchzug und mit schrägen Schlingen das Motiv vollendet.

Fertigstellung:

Auf der Rückseite alle Fäden vernähen, eventuell mit beigefarbenem Stoff die Decke auf der Rückseite abfüttern.

Ordner „Zopfmuster“

Material:		
	Stoff:	Haferkorn 706, leinengrau 011 Menge: 66 x 33 cm + Nahtzugabe Hersteller: Weberei Hofer Futterstoff: Westfalenstoff W 89763/53 Menge: 66 x 33 cm + Nahtzugabe (Bei der benötigten Stoffmenge ist die Ordner- oder Buchgröße zu beachten.)
	Garn:	Perlgarn „Manuela“ Nr. 5, Reste von je ca. 170 cm Farben: delft M 019, mais M 035, kirsch M 052, smaragd M 051, orange M 043, strato M 021, bordeaux M 066. Hersteller: Schoeller + Stahl

Stiche:

– Durchzug gerade und schräg

Anleitung:

Das Zopfmuster wurde in folgender Farbfolge gestickt: Delft, Mais, Kirsch, Smaragd, Orange, Strato, Bordeaux.
Begonnen wird mit Delft am vorderen Rand.

Fertigstellung:

Die Ordnerhülle kann wie eine Buchhülle zusammengenäht werden, dass heißt bestickten Stoff und Futterstoff in der Höhe des Ordners zusammennähen. An der Vorder- und Rückseite den Stoff so weit festnähen wie es die Ordnergröße erfordert. Achten Sie darauf, dass an der Vorder- und Rückseite genügend Stoff dazugegeben werden muss, um einen genügend breiten Umschlag zu bekommen.
Oder der Ordner wird mit passendem Karton selbst hergestellt, dann können der bestickte Stoff außen und der Futterstoff innen mit Buchbinderleim auf den Karton geklebt werden und die Ringmechanik nach dem Trocknen eingearbeitet werden. Bei dieser Methode ist weniger Nahtzugabe erforderlich.

Fotoalbum rot

Material:

Stoff:	Haferkorn 706, leinengrau 011 Menge 15 x 15 cm Hersteller: Weberei Hofer
Garn:	Reste vom Perlgarn „Manuela“ Nr. 5 Farbe: bordeaux M 066. Hersteller: Schoeller + Stahl Fotoalbum: Leporello GmbH

Stiche:
- Durchzug schräg
- Spirale
- schräge Schlingen

Anleitung:
Siehe Foto.

Fotoalbum schwarz/bunt

Material:		
	Stoff:	Haferkorn 706, weiß 101 Menge 15 x 15 cm Hersteller: Weberei Hofer
	Garn:	Reste vom Perlgarn „Manuela“ Nr. 5 Farben: delft M 019, orange M 043, kirsche M 052, smaragd M 051 Hersteller: Schoeller + Stahl Fotoalbum: Leporello GmbH

Stiche:
- Durchzug gerade
- Durchzug zick-zack-förmig
- Spirale

Anleitung:

Siehe Foto.

Tipp: Mit Stoff- und Garnresten lassen sich solch kleine Geschenke in kürzester Zeit sticken. Die Stichkombinationen kann man frei variieren.

MATERIAL:

Stoff:	Gerstenkornstoff Art. 546, Farbe 00 Hersteller: Weberei Vieböck Die Stoffmenge richtet sich nach der Konfektionsgröße, Futterstoff und Schnitt nach Belieben.
Garn:	4 Stränge Perlgarn „Manuela" Nr. 5 Farben: schwarz M 031 Hersteller: Schoeller + Stahl

STICHE:
- Durchzug gerade
- Durchzug schräg
- Durchzug zick-zack-förmig
- schräge Schlingen

ANLEITUNG:
Muster nach Detailfoto sticken.
Die Borte wird am Rücken und an beiden Vorderteilen gestickt. Die Jacke am Schluss nach Schnittmusteranleitung zusammennähen.

MATERIAL:

Stoff: Gerstenkornstoff Art. 545, Farbe 01
Hersteller: Weberei Vieböck
Die Stoffmenge richtet sich nach der Konfektionsgröße.
Schnitt: burda 2964

Garn: 1 Knäuel Perlgarn „Manuela“ Nr. 8
Farben: leinen M 048
Hersteller: Schoeller + Stahl

STICHE:

- Durchzug zick-zack-förmig
- schräge Schlingen

ANLEITUNG:

Muster nach Detailfoto sticken.
Das Top nach Schnittmusteranleitung zusammennähen.

Tischdecke „Westfalenkaro“

Material:	Stoff:	Haferkorn Art 706, nachtblau 451 Menge: 100 x 100cm + Nahtzugabe Hersteller: Weberei Hofer Dekostoff: Westfalenstoff W 9019/01 Menge: Nach Tischgröße Hersteller: Westfalenstoff
	Garn:	Je 2 Strang Perlgarn „Manuela“ Nr. 5 Farbe: granat M 012, birke M 044, orange M 043 und mimose M 017 Hersteller: Schoeller + Stahl

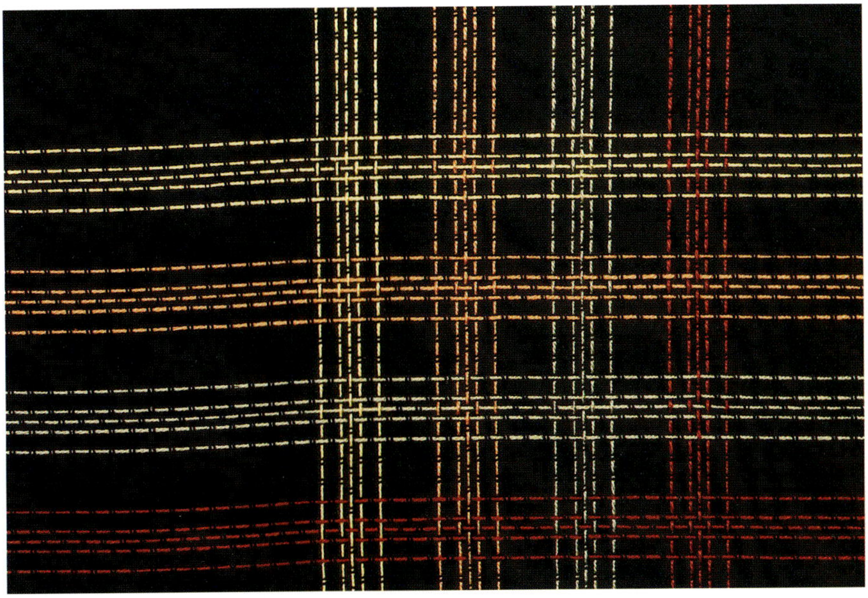

Stiche:
– Durchzug gerade

Anleitung:
Begonnen wird ca. 18 cm von der Ecke entfernt mit dem granatfarbenen Garn, dann fortlaufend weitersticken laut Detailfoto in den Farben: Birke, Orange und Mimose.

Fertigstellung:
Am Deckenrand werden ein Saum von 3 cm Breite sowie Briefecken gearbeitet.

Tischdecke „Weihnachtsstern“

Material:	Stoff:	Haferkorn Art 706, rot 311 Menge: 76 x 76 cm + Nahtzugabe Hersteller: Weberei Hofer
	Garn:	2 Stränge Perlgarn „Manuela“ Nr. 5 Farbe: creme M 061 Hersteller: Schoeller + Stahl Zubehör: Satin-Schrägband rot, ca. 3 m

Stiche:

- Durchzug gerade
- Durchzug schräg
- Durchzug zick-zack-förmig
- schräge Schlingen
- Achterschlingen
- Stufen

Anleitung:

Begonnen wird mit der äußersten Durchzugreihe, der gerade Durchzug ist etwa 14 cm lang, der schräge Durchzug ist ungefähr 15 cm lang. Es folgen der Zick-zack-Durchzug in der Geraden und die schrägen Schlingen in der Schrägen. Dann kommen wieder der gerade und schräge Durchzug. Diese drei Reihen ergeben die schmale Musterreihe. Lassen Sie auf den geraden Seiten 6 Durchzugsreihen frei und beginnen Sie mit der breiten Borte. Diese besteht aus 6 Durchzügen, wobei der erste und letzte mit Achterschlingen und Stufen gestickt wird. Die mittleren 4 Reihen werden mit geradem Durchzug und Stufen gearbeitet. 6 Durchzugsreihen freilassen und dann die schmale Borte wiederholen.

Fertigstellung:

Der Stern wird dann je 3 cm vom äußersten Stickmuster entfernt ausgeschnitten und mit dem Schrägband eingefasst.

Dank

Ganz herzlich bedanken möchte ich mich bei den im Buch genannten Firmen sowie bei meiner Familie, die mich bei der Erstellung des Buches unterstützt hat.

Die Autorin

Heidi Baumgartner erlernte schon als Kind die Hand- und als Jugendliche die Goldstickerei. In einer Fahnen- und Paramentenstickerei hat sie die Ausbildung als Handstickerin abgeschlossen.
1995 legte sie die Meisterprüfung im Stickerhandwerk ab und erhielt 1996 den Meisterpreis der Bayerischen Staatsregierung. Die Autorin zeigt ihre Arbeiten in Ausstellungen, bei Messen, in Museen und auf Sonderschauen. Regelmäßig gibt sie Stickkurse zu vielen verschiedenen Techniken für Anfänger und Fortgeschrittene.

Bezugsquellennachweis

Stoffe:

Weberei Hofer
Sandgasse 13
A-8741 Weißkirchen

Weberei Vieböck
Leonfeldner Str. 26
A-4184 Helfenberg

Westfalenstoffe AG
Albrecht-Tharr-Str. 2
D-48147 Münster

Garne:

Schoeller +Stahl GmbH
Bühlstr. 16
D-73079 Süssen

Fotoalben:

Leporello GmbH
Ziegelhofstr. 228 A
D-79110 Freiburg

Schnitte:

burda
Am Kestendamm 2
D-77652 Offenburg

schoeller + stahl
GANZ SCHÖN KREATIV
DACHCOM.com
Gut
ankommen.
Mit unserer großen Auswahl an
Häkel- und Strickgarnen.
Rainbow
STAHL SCHE WOLLE